## Ein Wort zuvor:

Bei einem Backbuch habe ich noch nie den Vorspann gelesen, aber es sind ja sicher nicht alle so wie ich.

Seit vielen Jahren ist mein Hobby Kuchen backen. Ich probiere immer wieder neue Rezepte aus, optimiere sie bzw. stelle sie selbst zusammen. Diejenigen, die sich aus meiner 20-jährigen Sammlung immer wieder bewährt haben, finden Sie hier.

Für dieses Buch habe ich alle Kuchen nochmals gebacken, fotografiert und für die Verarbeitung mit dem Wundertopf TM 31 umgeschrieben. Man kann sie natürlich auch auf herkömmliche Weise zubereiten. Es dauert nur etwas länger und ist ein bisschen umständlicher.

Es sind Rezepte mit wenig Zeitaufwand und einfach in der Herstellung. Sie schmecken alle sehr lecker. Es werden auch nur Zutaten benötigt, die man in jedem Supermarkt kaufen kann. Man muss nicht erst von einem Feinkostladen zum nächsten laufen.

Ich freue mich, wenn für Sie viele Rezepte neu sind und auch Ihre Lieblingskuchen werden. Ich wünsche Ihnen viel Freude beim Nachbacken, gutes Gelingen und vor allem einen

**GUTEN APPETIT**

# Ein herzliches Dankeschön...

**Danke** an meine Mama, die mich immer sehr unterstützt.

**Danke** an Christa, die mich letztendlich dazu animiert hat, ein Backbuch zu schreiben.

**Danke** an Angelika, Martina und Rosmarie, die dieses Buch Korrektur gelesen haben.

**Danke** an alle, die mir ihr Geschirr bzw. ihre Deko zum Fotografieren zur Verfügung gestellt haben.

**Danke** an alle meine Kuchentester, auch an meinen speziellen Tester Günter.

## Impressum:

Autorin und
Herausgeberin: Christine Haas©
Rosenweg 19 · 85134 Stammham
Tel. 08405-913996
e-mail: Haas-Ch@web.de

(7. Auflage)

Haben Sie Fragen oder ein Rezept gelingt doch nicht so, wie Sie es sich vorgestellt haben, rufen Sie mich einfach an oder schicken Sie mir eine e-mail. Über ein Lob freue ich mich natürlich auch.

Druck: Beck – Druckerei und Verlag
94315 Straubing · Tel. 09421-84240

## Anmerkungen:

Die Zutaten habe ich jeweils in „fetter" Schrift geschrieben, so muss man das Rezept für den **Einkauf der Zutaten** nur schnell überfliegen.

Bitte das **gesamte Rezept** durchlesen, bevor man mit der Verarbeitung beginnt. Leider mache ich das bei neuen Rezepten meistens auch nicht und ärgere mich dann, wenn ich die Zutaten, die für den Belag bestimmt sind, schon in den Teig gegeben habe.

**Abkürzungen:**

| | | | |
|---|---|---|---|
| ↶ | Linksstufe | geh. | gehäuft |
| EL | Esslöffel | B. | Becher |
| TL | Teelöffel | P. | Päckchen |

Für alle, die **keinen Wundertopf** haben: Steht im Rezept nichts anderes dabei, immer gemahlene Nüsse, Mandeln und Schokolade bzw. geraspeltes Marzipan und zerdrückte Bananen verwenden. Mit dem Wundertopf hat man u. a. den Vorteil, dass man sie beim Teigrühren gleich zerkleinern kann. Wird **Zucker** gemahlen, einfach **Puderzucker** verwenden. **Flüssigkeiten** sind auch jeweils in **Gramm** angegeben, diese einfach nur in **ml** umwandeln. Bei der Angabe von **10 g** (z.B. Kakao, Rum) ca. 1 EL verwenden.

## Anmerkungen:

Die **Backzeit** ist jeweils nur ein Richtwert, da jeder Ofen anders bäckt. Ich backe alles mit **Ober- und Unterhitze, unterste Schiene** und heize meist ab Beginn der Zubereitung vor. Mein Ofen ist jedoch einer von der „schnellen Sorte".

Zur Sicherheit die **Stäbchenprobe** machen: Nach Ende der Backzeit, vor dem Herausnehmen des Kuchens, ein Schaschlikstäbchen in mind. zwei Stellen des Kuchens stecken; bleiben keine Teigspuren haften, ist er durchgebacken.

Ich verwende immer **Margarine,** sogar für eine Buttercreme. Diese kann jedoch durch die gleiche Menge an **Butter** ausgetauscht werden.

Die **Zuckermenge** kann auch beliebig variiert werden, je nach Geschmack. Beim Ausprobieren eines neuen Rezeptes aus einer Zeitschrift streiche ich grundsätzlich bis zu 100 g Zucker und der Kuchen ist immer noch süß genug.

Für das **Zerkleinern der Äpfel** sind Circa-Angaben vermerkt, da die Äpfel eine unterschiedliche Beschaffenheit haben. Es empfiehlt sich, zwischendurch zu überprüfen, ob sie klein genug sind. Ich verwende meist gelagerte Äpfel aus dem Garten, die etwas weicher und nicht mehr so saftig sind; bei sehr saftigen die Menge evtl. reduzieren.

## Anmerkungen:

Die **Kirschen** sind nur als ca.-Menge angegeben. Frische Kirschen enthalten viel Saft, Kirschen aus dem Glas haben schon an Saft verloren. Verwendet man **gefrorene Früchte**, egal welche Sorte, immer auftauen und gut abtropfen lassen.

Das **Backpulver** ist in Teelöffeln angegeben. Ich nehme meist gehäufte Löffel und lieber etwas mehr als zu wenig.

Auf den Seiten 23, 25, 31, 43, 49, 51, 69, 77, 79, 87, 113, 117, 119 und 135 stehen verschiedene Versionen von **Glasuren/Schokoladenguss**, die beliebig ausgetauscht werden können. Ist der Guss nach der angegebenen Zeit noch nicht flüssig, was von der Temperatur der Zutaten abhängt, einfach noch etwas Zeit dazugeben. Die Schokolade zwischendurch evtl. mit dem Spatel nach unten schieben.
Verwende ich gekauften **Schokoladenguss,** gebe ich ihn in eine kleine feuerfeste Form und stelle diese, nachdem der Kuchen fertig gebacken ist, in den ausgeschalteten Ofen. Durch die Restwärme ist er ruck zuck flüssig. Ich überziehe den noch warmen Kuchen damit.

Für **Puderzucker-Glasuren** Puderzucker nach Belieben mit Wasser, Rum, Amaretto oder Zitronensaft vermischen.

# Apfel-Eierlikörkuchen

Heiß geliebte Apfelkuchen sind immer eine Sünde wert. Schmeckt durch die Äpfel und den Eierlikör sehr saftig.

Äpfel lassen sich gut mit einem Kartoffelschäler schälen.

| | |
|---|---|
| **250 g** (vorbereitet gewogen) geschälte und in Viertel geschnittene **Äpfel** in den Mixtopf geben, zerkleinern und umfüllen. | ca. 2 Sek. / Stufe 3 - 4 |
| Rührteig: **250 g Margarine, 150 g Zucker, 5 Eier, 1 P. Vanillezucker, 1 Prise Salz** in den Mixtopf geben und cremig rühren. | 1 Min. / Stufe 6 |
| **180 g Eierlikör, 430 g Mehl, 1 P. Backpulver** dazugeben und unterrühren, Spatel zum Mitrühren verwenden. | 30 Sek. / Stufe 6 |
| Zerkleinerte Äpfel zum Teig geben und unterheben, Spatel zum Mitrühren verwenden. | 20 Sek. / ↺ / Stufe 4 |

Den Teig in eine gefettete Kranzform geben und backen.

Backzeit: 180°, ca. 40 Min.

Vor dem Verzehr mit **Puderzucker** bestäuben.

# Apfelkuchen nach russischer Art

Unbedingt über Nacht durchziehen lassen, ansonsten schmeckt er stark nach Rum. Er ist auch nach ein paar Tagen noch sehr lecker.

Essen Kinder mit, den Rum einfach durch Apfelsaft ersetzen.

| | |
|---|---|
| **320 g** (vorbereitet gewogen) geschälte und in Viertel geschnittene **Äpfel** in den Mixtopf geben und zerkleinern. | ca. 5 Sek. / Stufe 3 - 4 |

Äpfel in eine Schüssel umfüllen und mit **1 kleinen Kaffeetasse Rum** übergießen.

Rührteig:

| | |
|---|---|
| **250 g Margarine, 4 Eier, 250 g Zucker, 130 g Haselnüsse** in den Mixtopf geben und cremig rühren. | 50 Sek. / Stufe 6 |
| **250 g Mehl, 1 P. Backpulver, 1½ TL Zimt, 1½ TL Kakao** dazugeben und unterrühren. | 30 Sek. / Stufe 6 |
| Äpfel mit Rum dazugeben und unterheben, evtl. Spatel zum Mitrühren verwenden. | 20 Sek. / ↶ / Stufe 4 |

Den Teig in eine gefettete Springform geben und backen.

Backzeit: 180°, ca. 45 - 50 Min.

Mit einem **Schokoladenguss** überziehen.

# Apfel-Marmorkranz

Ein Klassiker neu aufgetischt.

Vor dem Verzehr mit **Puderzucker** bestäuben.

Schmeckt auch mit einem Schokoladenguss überzogen sehr gut.

Am besten 2 Tage durchziehen lassen.

**100 g Zartbitterschokolade** in Stücken in den Mixtopf geben, mahlen und umfüllen. 15 Sek. / Stufe 10

**150 g** (vorbereitet gewogen) geschälte und in Viertel geschnittene **Äpfel** in den Mixtopf geben und zerkleinern. 2 - 4 Sek. / Stufe 3 - 4

Die Äpfel in eine große Schüssel umfüllen und mit **2 EL Zitronensaft** beträufeln.

Rührteig:
**250 g Margarine, 230 g Zucker, 6 Eier** in den Mixtopf geben und cremig rühren. 1 Min. / Stufe 6
**150 g Milch, 500 g Mehl, 1 P. Backpulver, 1 P. Soßenpulver Vanille** dazugeben und unterrühren. 30 Sek. / Stufe 6

Die Hälfte vom Teig mit den Äpfeln mischen und in eine gefettete Springform mit Kranzeinsatz geben. Zum restlichen Teig **20 g Kakao** und die gemahlene Schokolade dazugeben und unterrühren, Spatel zum Mitrühren verwenden. 20 Sek. / Stufe 6

Den Schokoladenteig auf den hellen Teig geben, mit einer Gabel spiralförmig durchziehen und backen.

Backzeit: 180°, ca. 45 Min.

# Apfelschnitten

Die Äpfel schmeckt man fast nicht, aber sie machen den Kuchen schön saftig. Am besten über Nacht durchziehen lassen.

Sind die Äpfel sehr saftig, nur 350 g verwenden.

Rührteig:

| | |
|---|---|
| **300 g Zucker** in den Mixtopf geben und mahlen. | 10 Sek. / Stufe 10 |
| **350 g Margarine, 6 Eier** dazugeben und cremig rühren. | 2 Min. / Stufe 5 |
| **350 - 450 g** (vorbereitet gewogen) geschälte und in Viertel geschnittene **Äpfel** dazugeben und raspeln. | 2 - 3 Sek. / Stufe 6 |
| **350 g Mehl, 1 P. Backpulver, 2 TL Zimt, 60 g Kakao** dazugeben und unterheben, Spatel zum Mitrühren verwenden. | 30 Sek. / ↶ / Stufe 6 |

Den Teig auf ein gefettetes Blech (ca. 30 x 40 cm) mit Backrahmen streichen.

Backzeit: 180°, ca. 40 – 45 Min.

Mit einem **Schokoladenguss** überziehen und mit **gehackten Mandeln** bestreuen.

# Apfel-Walnusskuchen

Knackige Walnüsse mit saftigen Äpfeln: eine schmackhafte Kombination.

Dieser Kuchen wird eigentlich in einer Kranzform gebacken, aber nachdem er gerne in der Form kleben bleibt, habe ich die Springform ausgewählt.

Der Mixtopf muss dazwischen nicht gespült werden.

| | |
|---|---|
| **350 g** (vorbereitet gewogen) geschälte und in Viertel geschnittene **Äpfel** in den Mixtopf geben, zerkleinern und umfüllen. | ca. 5 Sek. / Stufe 3 - 4 |
| **100 g Walnüsse** in den Mixtopf geben, hacken und zu den Äpfeln geben. | 8 - 10 Sek. / Stufe 4 |
| Rührteig: **200 g Margarine, 250 g Zucker, 4 Eier** in den Mixtopf geben und cremig rühren. | 1 Min. / Stufe 5 |
| **300 g Mehl, 1 P. Backpulver, 2 TL Zimt** dazugeben und unterrühren. | 30 Sek. / Stufe 5 |
| Die zerkleinerte Apfel-Nuss-Mischung dazugeben und unterheben. | 30 Sek. / ↶ / Stufe 4 |

Den Teig in eine gefettete Springform geben und backen.

Backzeit: 180°, ca. 50 Min.

Mit einem **Schokoladenguss** überziehen und mit **halbierten Walnüssen** verzieren.

# Baileys®-Kokoskuchen

Den Kuchen kann man nach je nach Geschmack abwandeln. Anstelle Kokosflocken gemahlene Haselnüsse verwenden oder Nüsse gemischt mit Schokostreusel.

Rührteig:

| | |
|---|---|
| **250 g Zucker** in den Mixtopf geben und mahlen. | 15 Sek. / Stufe 10 |
| **250 g Margarine, 5 Eier, 1 P. Vanillezucker** dazugeben und cremig rühren. | 1 Min. / Stufe 5 |
| **200 g Baileys Original Irish Cream®, 250 g Mehl, 1 P. Backpulver, 100 g Kokosflocken** dazugeben und unterrühren. | 20 Sek. / Stufe 5 |

Den Teig in eine gefettete Herrentortenform geben und backen.

Backzeit: 180°, ca. 45 - 50 Min.

Vor dem Verzehr mit **Puderzucker** bestäuben.

# Baileys®-Nusskuchen

Dieser saftige Kuchen hat es in sich: Nüsse, Cappuccino-Pulver und viel Schokolade, verfeinert mit Baileys®, da greift jeder gerne zu.

Die Walnüsse kann man auch gegen Haselnüsse austauschen.

| | |
|---|---|
| **100 g Walnüsse** in den Mixtopf geben, hacken (je nach gewünschtem Feinheitsgrad) und umfüllen. | ca. 3 Sek. / Stufe 5 |
| Rührteig: | |
| **200 g Zucker** in den Mixtopf geben und mahlen. | 10 Sek. / Stufe 10 |
| **5 Eier, 250 g Öl, 100 g Wasser, 2 EL lösliches Cappuccino-Pulver, 200 g Zartbitterschokolade** in Stücken dazugeben und cremig rühren. | 50 Sek. / Stufe 6 |
| **130 g Baileys Original Irish Cream®, 150 g Mehl, 1 P. Backpulver, 100 g Speisestärke**, die gehackten Nüsse dazugeben und unterrühren. | 30 Sek. / ↶ / Stufe 4 |

Den Teig in eine gefettete Napfkuchenform geben und backen.

Backzeit: 180°, ca. 45 - 50 Min.

Vor dem Verzehr mit **Puderzucker** bestäuben.

# Bananen-Kokoskuchen

Bananen haben zum Glück das ganze Jahr Saison.

Anstelle des Eierlikörs schmeckt auch Bananenlikör. Der Kuchen ist sehr saftig.

Evtl. noch mit Bananenchips garnieren.

Rührteig:
**200 g Margarine, 4 Eier,**
**150 g Zucker, 1 P. Vanille-**
**zucker** in den Mixtopf geben
und cremig rühren. 1 Min. / Stufe 5
**40 g Eierlikör, 200 g Mehl,**
**1 P. Backpulver, 100 g Speise-**
**stärke, 50 g Kokosflocken,**
**1 EL Zitronensaft** dazugeben
und unterrühren. 30 Sek. / Stufe 6

**4 Bananen** in Scheiben schneiden, in ca. **1 EL Mehl** wenden und nur mit dem Spatel unter den Teig heben.

Den Teig in eine gefettete Kastenform (25 cm) streichen und backen.

Backzeit: 180°, ca. 60 Min.

**1 geh. EL Kokosflocken** in einer Pfanne ohne Fett rösten, umfüllen und abkühlen lassen.

Mit einem **Schokoladenguss** überziehen und den gerösteten Kokosflocken bestreuen.

# Bananenkuchen

Wenn ich noch einen hellen Kuchen fürs Buffet benötige, lasse ich einfach den Kakao weg.

Auf dem Blech gebacken sehen diese Schnitten noch schöner aus, dafür einfach nur die Menge verdoppeln.

Verwende ich diesen Guss, gebe ich das übrige Eigelb zusätzlich noch mit in den Teig.

| | |
|---|---|
| **60 g Mandeln, 60 g Haselnüsse** in den Mixtopf geben, hacken und <u>umfüllen</u>. | 8 Sek. / Stufe 6 |

Rührteig:

| | |
|---|---|
| **130 g Margarine, 1 P. Vanillezucker, 100 g Zucker, 3 Eier, 2 Bananen** in den Mixtopf geben und cremig rühren. | 50 Sek. / Stufe 5 |
| **220 g Mehl, 2 TL Backpulver, 25 g Rum, 70 g Milch, 10 g Kakao,** die gehackten Nüsse und Mandeln dazugeben und unterrühren. | 20 Sek. / ↺ / Stufe 5 |

Den Teig in eine gefettete Springform geben und backen.

Backzeit: 180°, ca. 30 - 35 Min.

Guss:

| | |
|---|---|
| **150 g Zucker** in den Mixtopf geben und mahlen. | 10 Sek. / Stufe 10 |
| **1 Eiweiß, 1 EL Kakao, 2 EL Rum** dazugeben und verrühren. | 20 Sek. / Stufe 3 |

Den Kuchen damit überziehen und mit **gehackten Mandeln** bestreuen.

# Bananenschnitten

Genießen Sie die süßen Stückchen zum Sonntagskaffee.

Diese Schnitten sind ein guter Bananenverwerter. Sind die Bananen schon sehr reif, nehme ich nur 250 g Zucker.

| | |
|---|---|
| **100 g Haselnüsse** in den Mixtopf geben, hacken und umfüllen. | 8 Sek. / Stufe 6 |
| Rührteig: **250 g Margarine, 4 Eier, 300 g Zucker, 1 P. Vanillezucker, 4 Bananen** in den Mixtopf geben und cremig rühren. | 50 Sek. / Stufe 6 |
| **450 g Mehl, 1 P. Backpulver, 70 g Eierlikör, 40 g Rum, 70 g Milch,** die gehackten Nüsse dazugeben und unterrühren. | 30 Sek. / ↺ / Stufe 6 |

Den Teig auf ein gefettetes Blech (ca. 30 x 40 cm) mit Backrahmen streichen.

Backzeit: 180°, ca. 35 - 40 Min.

| | |
|---|---|
| Guss: **150 g Haselnussguss** in den Mixtopf geben und zerkleinern, | 5 Sek. / Stufe 10 |
| danach schmelzen. | 5 Min. / 60° / Stufe 2 |

Den Kuchen damit überziehen.

# Blitzkäsekuchen

Ohne Boden ist er sehr schnell zubereitet aber bei uns meist auch blitzschnell gegessen.

Die Mandarinen kann man auch mit dem Messer klein schneiden und nur mit dem Spatel unterheben bzw. ganz weglassen.

| | |
|---|---|
| Rührteig: | |
| **130 g Margarine, 4 Eier, 250 g Zucker, 1 P. Vanillezucker, Saft von 1 Zitrone, 30 g Grieß** in den Mixtopf geben und cremig rühren. | 1 Min. / Stufe 5 |
| **1 P. Vanillepuddingpulver, 1 kg Magerquark** dazugeben und unterrühren. | 20 Sek. / Stufe 6 |
| **1 Dose (312 g) Mandarin-Orangen** abgetropft dazugeben und unterrühren. | 3 Sek. / ↺ / Stufe 5 |

Den Teig in eine gefettete Springform gießen und backen.

Backzeit: 180°, ca. 60 - 65 Min.

Gleich nach dem Backen mit einem Messer vorsichtig vom Springformrand lösen. Den Kuchen in der Form auskühlen lassen.

# Bounty®-Kuchen

Bei diesem Kuchen kommt es bestimmt zu keiner Meuterei, alle werden begeistert sein.

Am besten 2 Tage durchziehen lassen.

Rührteig:

**250 g Margarine, 180 g Zucker,**
**5 Eier** in den Mixtopf geben
und cremig rühren. 2 Min. / Stufe 6

**8 Bounty®** (220 g) dazu-
geben und zerkleinern,
Deckel dabei festhalten. 20 Sek. / Stufe 6

**380 g Mehl, 1 P. Backpulver,**
**30 g Rum, 90 g Kokosmilch**
(ersatzweise normale Milch) da-
zugeben und unterrühren, Spatel
zum Mitrühren verwenden. 30 Sek. / Stufe 6

Den Teig in eine gefettete Kranzform oder Springform mit Kranzeinsatz geben und backen.

Backzeit: 180°, ca. 45 Min.

Mit einem **Schokoladenguss** überziehen und **Kokosflocken** bestreuen.

# Brownies

Ich habe schon sehr viele Brownie-Rezepte ausprobiert, jedoch leider keines mit Erfolg. Die einen waren klebrig und viel zu süß, die anderen flach wie ein Brett, die nächsten staubtrocken... bis ich dieses Rezept von meiner Tante Monika bekommen habe.

...die sind voll lecker...

| | |
|---|---|
| **250 g Walnüsse** in den Mixtopf geben, hacken und umfüllen. | 3 Sek. / Stufe 5 |

Rührteig:

| | |
|---|---|
| **300 g Zartbitterschokolade** in Stücken, **250 g Margarine** in den Mixtopf geben und schmelzen. | 3 Min. / 60° / Stufe 2 |
| **7 Eier, 500 g Zucker, 1 Prise Salz** dazugeben und cremig rühren. | 50 Sek. / Stufe 4 |
| **300 g Mehl, 2 TL Backpulver,** die gehackten Nüsse dazugeben und unterheben. | 20 Sek. / ↺ / Stufe 5 |

Den Teig auf ein gefettetes Blech (ca. 30 x 40 cm) mit Backrahmen gießen und backen.

Backzeit: 180°, ca. 35 Min.

Schokoladenguss:

| | |
|---|---|
| **100 g Zartbitterschokolade, 100 g Sahne, 25 g Kokosfett** in den Mixtopf geben und erhitzen. | 3 Min. / 60° / Stufe 2 |

Den Kuchen damit überziehen und mit **halbierten Walnüssen** bzw. **gehackten Pistazien** garnieren.

# Cappuccino-Kuchen

Man benötigt je 150 g gemahlene und gehackte Nüsse, die man beliebig wählen kann, z.B. auch Erdnüsse oder Paranüsse. **Ein paar davon jedoch zum Verzieren beiseite legen.**

Dazu schmeckt Eierlikörsahne: **1 B. Sahne** mit **Sahnesteif** oder **Sanapart** steif schlagen und mit **4 EL Eierlikör** vermischen.

| | |
|---|---|
| **30 g Walnüsse, 50 g Mandeln, 70 g Haselnüsse** in den Mixtopf geben, hacken und umfüllen. | 5 Sek. / Stufe 6 |
| Rührteig: **250 g Margarine, 6 Eier, 300 g Zucker, 1 P. Vanillezucker** in den Mixtopf geben und cremig rühren. | 1 Min. / Stufe 5 |
| **30 g Haselnüsse, 70 g Walnüsse, 50 g Mandeln, 3 TL lösliches Kaffeepulver** dazugeben und mahlen. | 30 Sek. / Stufe 10 |
| **250 g Mehl, 1 P. Backpulver, 70 g Eierlikör,** die gehackte Nussmischung dazugeben und unterrühren. | 30 Sek. / ↶ / Stufe 5 |

Den Teig in eine gefettete Kranzform oder Springform mit Kranzeinsatz geben und backen.

Backzeit: 180°, ca. 50 Min.

Mit einem **Haselnussguss** überziehen und den Nüssen verzieren.

# Celebrations®-Kuchen

Wenn ich den Kuchen mit Schokoladenguss überziehe lege ich unter das Gitter eine Zeitung, somit spare ich mir das Säubern der Arbeitsplatte.

Legt man die Pralinen vorher in den Kühlschrank, lassen sie sich besser schneiden.

Gibt man etwas Teig ohne Pralinen in die Backform, klebt er nicht fest.

**20 Celebrations®-Pralinen** mit einem Messer in Scheiben schneiden.

Rührteig:
**250 g Margarine, 180 g Zucker,**
**4 Eier** in den Mixtopf geben
und cremig rühren. 1 Min. / Stufe 5
**100 g Eierlikör, 350 g Mehl,**
**50 g Speisestärke, 1 P. Back-**
**pulver** dazugeben und unter-
rühren. 25 Sek. / Stufe 5

Etwas Teig in eine gefettete Springform mit Kranzeinsatz geben.

Die geschnittenen Pralinen unter den restlichen Teig nur mit dem Spatel unterheben, in die Form geben und backen.

Backzeit: 180°, ca. 45 Min.

Mit einem **Schokoladenguss** überziehen.

# Cognac-Kuchen

Da man diesen Kuchen gut schon 2 Tage im voraus backen kann, gibt es ihn bei uns z.B. wenn viele Gäste kommen und ich einiges vorbereiten muss. Er sollte jedoch mindestens über Nacht durchziehen.

Er wird von Tag zu Tag besser, jedoch sind bei uns seine Tage meistens gezählt.

Gibt man die Mandeln kurz in kochend heißes Wasser, lässt sich die Haut leicht abziehen.

Rührteig:
**250 g Margarine, 6 Eier,**
**250 g Zucker, 1 P. Vanille-**
**zucker, 100 g Mandeln,**
**250 g Zartbitterschokolade**
in Stücken in den Mixtopf
geben und cremig rühren. 1 Min. / Stufe 6
**200 g Mehl, 1 P. Backpulver**
dazugeben und unterrühren. 30 Sek. / Stufe 5

Den Teig in eine gefettete Kranzform geben und backen.

Backzeit: 180°, ca. 50 Min.

Den heißen Kuchen rundum mit knapp **1/8 l Cognac** einstreichen und mit einem **Schokoladenguss** überziehen.

Mit geschälten und ungeschälten **Mandeln** verzieren.

# Eierlikörkuchen

Es gibt wahrscheinlich nur wenige, die diesen Kuchen nicht schon kennen. Aber ich finde, so ein Klassiker darf hier trotzdem nicht fehlen.

Außerdem ist es der Lieblingskuchen meiner Nichte und meines Neffen. Es gibt ihn bei uns auf nahezu jeder Feier.

Rührteig:

| | |
|---|---|
| **250 g Margarine, 4 Eier, 180 g Zucker, 1 P. Vanillezucker** in den Mixtopf geben und cremig rühren. | 1 Min. / Stufe 6 |
| **280 g Eierlikör, 300 g Mehl, 1 P. Backpulver** dazugeben und unterrühren. | 20 Sek. / Stufe 5 |

Den Teig in eine gefettete Kranzform geben.

**50 g Schokostreusel** auf die eine Hälfte des Teiges streuen und mit einer Gabel unterrühren. Somit hat man gleich zwei unterschiedliche Varianten.

<u>Oder</u> in den kompletten Teig **100 g Schokostreusel** ca. 10 Sek. / ↶ / Stufe 4 unterrühren.

Backzeit: 180°, ca. 40 - 45 Min.

Vor dem Verzehr mit **Puderzucker** bestäuben bzw. die Schokostreusel-Hälfte mit einem **Schokoladenguss** überziehen.

# Heißer Butterkuchen

Hier verwende ich Butter anstelle Margarine. Nicht wundern, die Butter muss 15 Min. gerührt werden.

Obwohl sehr viel Zucker im Kuchen ist, schmeckt er trotzdem nicht extra süß.

**220 g Süßrahmbutter** in den
Mixtopf geben und erhitzen. 4 Min. / 80° / Stufe 2

Die Butter in eine kleine Schüssel umfüllen.

Rührteig:
<u>Rühraufsatz einsetzen</u>,
**6 Eier, 420 g Zucker**
in den Mixtopf geben
und cremig rühren. 3 Min. / Stufe 3
Die erhitzte Butter dazugeben und unterrühren. 15 Min. / Stufe 3
**420 g Mehl, 1 P. Backpulver** dazugeben und
unterheben. 10 Sek. / Stufe 3

Den Teig in eine gefettete Springform mit Kranzeinsatz geben und backen.

Backzeit: 180°, ca. 30 - 40 Min.

Nicht zu lange backen, da der Kuchen sonst schnell trocken wird (Stäbchenprobe machen).

Vor dem Verzehr mit **Puderzucker** bestäuben.

# Himbeer-Sandkuchen

...einfach traumhaft...

Die Himbeeren können durch Brombeeren ersetzt werden. Gefrorene Beeren unbedingt vorher auftauen und gut abtropfen lassen.

Rührteig:
**250 g Margarine, 4 Eier, 200 g Zucker, 1 P. Vanillezucker** in den Mixtopf geben und cremig rühren. 1 Min. / Stufe 5
**120 g Eierlikör, 200 g Mehl, 1 P. Backpulver** dazugeben und unterrühren. 20 Sek. / Stufe 6

**250 g Himbeeren** mit **1 TL Mehl** bestäuben und vorsichtig vermischen.

Den Teig und die Himbeeren abwechselnd in eine gefettete Springform mit Kranzeinsatz geben und backen.

Backzeit: 180°, ca. 50 Min.

Guss:
**150 g Zucker** in den Mixtopf geben und mahlen. 10 Sek. / Stufe 10
**60 g Eierlikör** dazugeben und verrühren. 15 Sek. / Stufe 3

Den erkalteten Kuchen mit der Glasur dick überziehen.

# Kaffeekuchen

Dieser Kuchen riecht schon so lecker. Genießen Sie ihn zu einer Tasse Kaffee, Tee oder heißer cremiger Schokolade.

Rührteig:
**250 g Margarine, 5 Eier,**
**300 g Zucker, 130 g Hasel-**
**nüsse** in den Mixtopf geben
und cremig rühren. 50 Sek. / Stufe 6
**250 g Mehl, 1 P. Backpulver,**
**30 g Kakao, 2 TL Zimt,**
**30 g Rum, 1 Tasse sehr**
**starken kalten Kaffee** dazu-
geben und unterrühren. 40 Sek. / Stufe 6

Den Teig in eine gefettete Springform mit Kranzeinsatz geben und backen.

Backzeit: 180°, ca. 40 - 45 Min.

Vorsichtig aus der Form lösen!

Vor dem Verzehr mit **Puderzucker** bestäuben.

# Karottenkuchen

Ein sehr saftiger und gesunder Kuchen.

Man muss Gemüse nur richtig zubereiten, schon sind alle begeistert.

Selbst gemachte Möhren aus Marzipan würden natürlich noch besser schmecken.

| | |
|---|---|
| Rührraufsatz einsetzen, | |
| **6 Eiweiß** in den Mixtopf | |
| geben, schlagen und umfüllen. | 2 Min. / Stufe 4 |
| Rührraufsatz entfernen. | |

| | |
|---|---|
| Rührteig: | |
| **6 Eigelb, 250 g Zucker** | |
| in den Mixtopf geben | |
| und cremig rühren. | 2 Min. / Stufe 5 |
| **250 g Karotten** in Stücken | |
| dazugeben und raspeln. | 15 Sek. / Stufe 9 |
| **300 g Mandeln** dazugeben | |
| und mahlen. | 10 Sek. / Stufe 9 |
| **50 g Speisestärke, ½ TL Zimt,** | |
| kein Backpulver, Eischnee dazu- | |
| geben und unterheben. | 40 Sek. / Stufe 6 |

Den Teig in eine gefettete Kastenform (25 cm) geben und backen.

Backzeit: 180°, ca. 60 Min.

Den erkalteten Kuchen mit einer **Puderzuckerglasur** überziehen und mit **Marzipanmöhren** (gibt es fertig zu kaufen) verzieren.

# Karotten-Orangenkuchen

Nach Belieben mit Marzipannestern verzieren. Dafür **100 - 150 g Marzipanrohmasse** mit **grüner Speisefarbe** verkneten. Durch eine Knoblauchpresse kleine Nester auf die Schnitten drücken und auf jedes Nest eine **Marzipanmöhre** (gibt es fertig zu kaufen) legen.

**300 g Karotten** in Stücken
in den Mixtopf geben,
raspeln und umfüllen. 8 Sek. / Stufe 8

**400 g Haselnüsse** in den Mixtopf geben, mahlen und zu den Karotten geben. 10 Sek. / Stufe 10

Rührteig:
Rühraufsatz einsetzen,
**8 Eier, 300 g Zucker** in den Mixtopf geben und cremig rühren. 3 Min. / Stufe 3
Rühraufsatz entfernen.
**Abgeriebene Schale und Saft (bis auf 5 EL) einer großen unbehandelten Orange, 200 g Mehl, 1 P. Backpulver,** die geraspelten Karotten und Nüsse dazugeben und unterrühren. 20 Sek. / Stufe 5

Den Teig auf ein gefettetes Blech (ca. 30 x 40 cm) mit Backrahmen gießen und backen.

Backzeit: 180°, ca. 35 Min.

Guss:
**200 g Zucker** in den Mixtopf geben und mahlen. 10 Sek. / Stufe 10
restlichen Saft der Orange, ca. **3 EL Wasser** dazugeben und verrühren. 10 Sek. / Stufe 4

Den Kuchen kurz abkühlen lassen und damit bestreichen.

# Kartoffelkuchen

Die Kartoffeln erwähnt man am besten erst, wenn alle gegessen haben, sonst gibt es typische Vorurteile wie z.B. „Igitt, Kartoffeln im Kuchen…"

Der Weinbrand im Guss gibt einen ganz besonders feinen Geschmack.

Über Nacht durchziehen lassen.

**200 g geschälte rohe Kartoffeln**
in Stücken in den Mixtopf
geben und zerkleinern. 10 Sek. / Stufe 10

Die Masse im Gareinsatz oder einem Sieb abtropfen lassen und dabei so viel Wasser wie möglich herausdrücken.

Rührteig:
**130 g Margarine, 2 Eier,**
**100 g Zucker, 90 g Haselnüsse, 50 g Vollmilchschokolade**
in Stücken in den Mixtopf geben
und cremig rühren. 50 Sek. / Stufe 6
**150 g Mehl, 2 TL Backpulver,**
**50 g Milch, ¼ TL Zimt,**
die Kartoffeln dazugeben
und unterrühren. 20 Sek. / Stufe 6

Den Teig in eine gefettete Kastenform (25 cm) geben und backen.

Backzeit: 180°, ca. 45 Min.

Schokoladenguss:
**100 g Zucker** in den Mixtopf geben und mahlen. 10 Sek. / Stufe 10
**20 g Kakao, 25 g Kokosfett,**
**20 g heißes Wasser, 1 EL Weinbrand** dazugeben und erhitzen. 3 Min. / 60° / Stufe 2

Den Kuchen damit überziehen.

# Kirsch-Eierlikörkuchen

Mit ihm ist gut Kirschen essen.

Mit frisch geschlagener Sahne servieren.

Rührteig:

| | |
|---|---|
| **130 g Margarine, 3 Eier, 100 g Zucker, 1 P. Vanillezucker** in den Mixtopf geben und cremig rühren. | 1 Min. / Stufe 5 |
| **140 g Eierlikör, 180 g Mehl, 1 P. Backpulver** dazugeben und unterrühren. | 20 Sek. / Stufe 4 |
| **50 g Schokostreusel** dazugeben und unterheben. | 5 Sek. / ↺ / Stufe 4 |

Den Teig in eine gefettete Springform geben.

**Ca. 400 g Kirschen** (frische oder aus dem Glas) auf dem Teig verteilen und backen.

Backzeit: 180°, ca. 40 Min.

# Kirsch-Kokoskuchen

Freuen Sie sich auf die Kirschenzeit!

Kuchen über Nacht durchziehen lassen.

Übrig gebliebene Kokosmilch lässt sich gut einfrieren.

Rührteig:
**250 g Margarine, 4 Eier, 200 g Zucker, 1 P. Vanillezucker** in den Mixtopf geben und cremig rühren. 1 Min. / Stufe 5
**180 g Mehl, 1 P. Backpulver, 100 g Speisestärke, 50 g Kokosflocken, 100 g Kokosmilch** dazugeben und unterrühren. 20 Sek. / Stufe 5

**Ca. 300 g Kirschen** (frische oder aus dem Glas) mit **½ EL Mehl** bestäuben und vorsichtig vermischen.

Den Teig und die Kirschen abwechselnd in eine gefettete Kastenform (25 cm) geben und backen.

Backzeit: 180°, ca. 50 - 60 Min.

Guss:
Etwas **Kokosmilch** mit **Puderzucker** verrühren und den Kuchen damit einstreichen.

# Kirschkuchen schwarz-weiß

Ob mit frischen Früchten oder aus dem Glas, ein saftiger Kirschkuchen schmeckt immer.

Rührteig:

| | |
|---|---|
| **130 g Margarine, 2 Eier, 150 g Zucker** in den Mixtopf geben und cremig rühren. | 1 Min. / Stufe 5 |
| **250 g Mehl, 2 TL Backpulver, 40 g Milch** dazugeben und unterrühren. | 20 Sek. / Stufe 5 |

Die Hälfte des Teiges in eine gefettete Springform geben.

| | |
|---|---|
| Zum restlichen Teig **2 geh. TL Kakao, 15 g Milch, 1 TL Vanillezucker** dazugeben und unterrühren. | 10 Sek. / Stufe 4 |

Den dunklen Teig auf dem hellen verstreichen.

**Ca. 450 g Kirschen** (frische oder aus dem Glas) auf dem Teig verteilen und backen.

Backzeit: 180°, ca. 35 - 40 Min.

Vor dem Verzehr mit **Puderzucker** bestäuben.

# Kirsch-Marzipankuchen

Süße Früchtchen in leckeren Kuchen, da greift jeder gerne ein zweites Mal zu.

Kuchen über Nacht durchziehen lassen.

Die Schokolade auf den Blüten lässt sich gut mit einem Schaschlikstäbchen verteilen.

Rührteig:
**250 g Margarine, 140 g Zucker,**
**5 Eier, 1 P. Vanillezucker,**
**180 g Marzipan-Rohmasse** in
Stücken in den Mixtopf geben
und cremig rühren. 50 Sek. / Stufe 6
**50 g Milch, 40 g Eierlikör,**
**380 g Mehl, 1 P. Backpulver**
dazugeben und unterrühren. 20 Sek. / Stufe 6

**Ca. 320 g Kirschen** (frische oder aus dem Glas) mit **1 geh. TL Mehl** bestäuben und vorsichtig vermischen.

Den Teig und die Kirschen abwechselnd in eine gefettete Springform mit Kranzeinsatz geben, dabei die Kirschen nicht zu nah an den Rand legen und backen.

Backzeit: 180°, ca. 45 Min.

Marzipanblüten:
**20 g Marzipan-Rohmasse** mit **½ TL Puderzucker** verkneten, dünn ausrollen und Blüten ausstechen. Mit Kuvertüre dekorieren.

Die Kuchenoberseite mit **Vollmilchkuvertüre** einstreichen und die Blüten darauf verteilen.

# Kirsch-Nusskuchen

In diesen Kuchen gehören normalerweise mehr Kirschen, leider hatte ich nur noch 250 g, aber er hat trotzdem ganz gut geschmeckt.

Rührteig:
**80 g Margarine, 1 P. Vanillezucker, 180 g Zucker,**
**5 Eier, 100 g Haselnüsse**
in den Mixtopf geben und
cremig rühren. 50 Sek. / Stufe 6
**200 g Mehl, 2 TL Backpulver,**
**1 Prise Salz, 30 g Milch,**
**5 Tropfen Bittermandelöl**
dazugeben und unterrühren. 20 Sek. / Stufe 5

Den Teig in eine gefettete Springform geben.

**Ca. 400 g Kirschen** (frische oder aus dem Glas) auf dem Teig verteilen und backen.

Backzeit: 180°, ca. 35 - 40 Min.

Vor dem Verzehr mit **Puderzucker** bestäuben.

# Kokoskuchen

Sehr saftig und lecker, schmeckt auch ganz frisch aus dem Ofen gut.

| | |
|---|---|
| Rührteig: | |
| **200 g Zucker** in den Mixtopf geben und mahlen. | 10 Sek. / Stufe 10 |
| **4 Eier, 200 g Öl** dazugeben und cremig rühren. | 1 Min. / Stufe 5 |
| **100 g Mehl, 100 g Speisestärke, 2 TL Backpulver, 100 g flüssige Sahne, 100 g Kokosflocken** dazugeben und unterrühren. | 15 Sek. / Stufe 5 |

Den Teig in eine gefettete Springform mit Kranzeinsatz geben und backen.

Backzeit: 180°, ca. 45 Min.

Vor dem Verzehr mit **Puderzucker** bestäuben.

# Kokos-Schokokuchen

Der Kuchen schmeckt nach mehr.

Man kann ihn natürlich auch in einer Kranzform backen.

Rührteig:
**200 g Margarine, 1 P. Vanille-zucker, 200 g Zucker,**
**4 Eier** in den Mixtopf geben
und cremig rühren. 1 Min. / Stufe 5
**200 g Milch, 300 g Mehl,**
**40 g Kakao, 50 g Kokos-flocken, 1 P. Backpulver**
dazugeben und unterrühren. 30 Sek. / Stufe 6

Den Teig in eine gefettete Herrentortenform geben und backen.

Backzeit: 180°, ca. 40 Min.

Mit einem **Schokoladenguss** überziehen und mit **Kokosflocken** bestreuen.

# Lilakuchen

Bei diesem Kuchen unbedingt die Schokolade mit der lila Verpackung verwenden.

Wenn man den kompletten Kuchen mit 100 g Schokolade überzieht, schmeckt er natürlich noch besser.

**80 g Vollmilchschokolade**
in den Mixtopf geben,
hacken und umfüllen. ca. 6 Sek. / Stufe 6

**200 g Haselnüsse** in den Mixtopf geben, mahlen und zur Schokolade geben. 10 Sek. / Stufe 10

Rührteig:
Rühraufsatz einsetzen,
**4 Eier, 60 g Wasser,**
**200 g Zucker** in den Mixtopf
geben und cremig rühren. 3 Min. / Stufe 3
**200 g Mehl, 2 TL Backpulver**,
die Nuss-Schokomischung
dazugeben und unterheben. 10 Sek. / ↶ / Stufe 3

Den Teig in eine gefettete Kastenform (25 cm) streichen und backen.

Backzeit: 180°, ca. 45 Min.

Die Oberfläche des Kuchens mit **50 g flüssiger Vollmilchschokolade** überziehen.

# Limettenkuchen

Hier gehört eine dicke Schicht Puderzuckerglasur einfach dazu.

Der Kuchen schmeckt total saftig.

Rührteig:
**200 g Margarine, 3 Eier, 100 g Zucker, 1 P. Vanillezucker, 50 g braunen Zucker, 1 Prise Salz** in den Mixtopf geben und cremig rühren. 1 Min. / Stufe 4
**150 g Naturjoghurt (3,5 %), 300 g Mehl, 1 P. Backpulver, Schale von 2 unbehandelten Limetten, Saft von 1 Limette** dazugeben und unterrühren. 20 - 30 Sek. / Stufe 6

Den Teig in eine gefettete Kastenform (25 cm) geben und backen.

Backzeit: 180°, ca. 50 Min.

Puderzuckerglasur:
**ca. 100 g Zucker** in den Mixtopf geben und mahlen. 10 Sek. / Stufe 10
**Saft von 1 kleinen Limette** dazugeben und verrühren. 10 Sek. / Stufe 4

Den Kuchen damit einstreichen und mit **braunem Zucker** bestreuen.

# Mandarinenkuchen

Fruchtig und saftig.

Für größere Mandarinenstücke im Kuchen die Früchte mit dem Messer klein schneiden und nur mit dem Spatel unterheben.

Rührteig:

| | |
|---|---|
| **160 g Margarine, 3 Eier, 150 g Zucker, 1 P. Vanillezucker, 60 g Haselnüsse** in den Mixtopf geben und cremig rühren. | 1 Min. / Stufe 6 |
| **220 g Mehl, 2 TL Backpulver, 60 g Eierlikör** dazugeben und unterrühren. | 20 Sek. / Stufe 5 |
| **1 Dose (312 g) Mandarin-Orangen** abgetropft dazugeben und unterrühren. | 10 Sek. / ↶ / Stufe 4 |

Den Teig in eine gefettete Kastenform (25 cm) geben und backen.

Backzeit: 180°, ca. 45 Min.

Vor dem Verzehr mit **Puderzucker** bestäuben.

# Marmor-Eierlikörkuchen

Ich backe gerne diese Version, da bei mir der normale Marmorkuchen staubtrocken wird. Mit Eierlikör ist er viel saftiger.

Je nach Geschmack kann man den Teig auch halbieren. Mir schmeckt jedoch am besten der Schokoteig, deshalb nehme ich höchstens 1/3 für den hellen Teig.

**50 g Vollmilchschokolade**
in Stücken in den Mixtopf
geben, hacken und umfüllen. 6 Sek. / Stufe 6

Rührteig:
**250 g Margarine, 1 P. Vanille-zucker, 200 g Zucker,**
**4 Eier** in den Mixtopf geben
und cremig rühren. 1 Min. / Stufe 5
**150 g Eierlikör, 250 g Mehl,**
**2 TL Backpulver** dazugeben
und unterrühren. 30 Sek. / Stufe 5

1/3 des Teiges in eine gefettete Springform geben und verstreichen.

In den restlichen Teig
**15 g Kakao, 15 g Zucker**,
die gehackte Schokolade
dazugeben und unterrühren. 20 Sek. / Stufe 5

Auf den hellen Teig streichen, mit einer Gabel spiralförmig durchziehen und backen.

Backzeit: 180°, ca. 45 Min.

Mit einem **Schokoladenguss** überziehen und **bunten Zuckerstreuseln** verzieren.

# Marmor-Schokokuchen

Das ist die „aufgepeppte" Version des Marmorkuchens.

Nachdem die Schokolade geschmolzen ist, muss der Mixtopf leider gespült werden. Gut, dass ich einen zweiten Topf habe. Oder die Schokolade einfach im Wasserbad schmelzen.

**200 g Zartbitterkuvertüre**
in Stücken in den Mixtopf
geben und schmelzen. 3 Min. / 60° / Stufe 2

Die Schokolade in eine kleine Schüssel umfüllen.

Rührteig:
**250 g Margarine, 1 P. Vanillezucker, 200 g Zucker, 6 Eier, 1 B. Schmand** in den Mixtopf
geben und cremig rühren. 50 Sek. / Stufe 5
**450 g Mehl, 1 P. Backpulver**
dazugeben und verrühren. 30 Sek. / Stufe 7

Je nach Geschmack 1/3 bzw. die Hälfte des Teiges in eine gefettete Springform mit Kranzeinsatz geben.

Zum restlichen Teig
**20 g Rum,** die geschmolzene Schokolade dazugeben und
unterrühren. 20 Sek. / Stufe 5

Den dunklen Teig auf den hellen streichen, mit einer Gabel spiralförmig durchziehen und backen.

Backzeit: 180°, ca. 45 Min.

Mit einem **Schokoladenguss** überziehen.

# Marzipankuchen

Ein Traum für Marzipanliebhaber.

Den Kuchen nach Belieben noch mit Marzipanblüten dekorieren (siehe Kirsch-Marzipankuchen).

In einer Kranzform gebacken sieht der Kuchen auch sehr schön aus. Die Backzeit beträgt dann jedoch nur etwa 40 Min.

Die Hälfte der Margarine können Sie bei allen Kuchen auch durch Quark (20 %) austauschen. Sie sind dadurch etwas kalorienärmer und werden noch lockerer.

Rührteig:

**200 g Marzipan-Rohmasse** in Stücken, **200 g Margarine**, **4 Eier**, **100 g Zucker** in den Mixtopf geben und cremig rühren. 50 Sek. / Stufe 5

**110 g Milch, 60 g Eierlikör, 250 g Mehl, 1 P. Backpulver, ½ Fläschchen Bittermandelöl, 80 g Speisestärke** dazugeben und unterrühren. 20 Sek. / Stufe 6

Den Teig in eine gefettete Kastenform (25 cm) geben und backen.

Backzeit: 180°, ca. 50 - 60 Min.

Guss:

**120 g Zartbitterkuvertüre** in Stücken in den Mixtopf geben und hacken, 10 Sek. / Stufe 6

danach schmelzen lassen. 4 Min. / 60° / Stufe 2

Den Kuchen damit überziehen und über Nacht durchziehen lassen.

# Milch-Schokoladenkuchen

Dieses Rezept ist aus dem Backbuch meiner Oma „Mudl“, welches noch in alter Schrift geschrieben ist.

Bäckt man den Kuchen in einer Springform mit Kranzeinsatz, sieht er nicht so „aufgerissen“ aus.

Rührteig:

| | |
|---|---|
| **130 g Margarine, 4 Eier, 300 g Zucker** in den Mixtopf geben und cremig rühren. | 1 Min. / Stufe 5 |
| **500 g Milch** dazugeben und unterrühren. | 5 Sek. / Stufe 5 |
| **500 g Mehl, 1 P. Backpulver, ½ TL Zimt, 80 g Kakao** dazugeben und unterrühren. | 30 Sek. / Stufe 6 |

Den Teig in eine gefettete Springform geben und backen.

Backzeit: 180°, ca. 45 Min.

Schokoladenguss:

| | |
|---|---|
| **100 g Blockschokolade** in Stücken, **100 g Zucker, 25 g Kokosfett** in den Mixtopf geben und hacken. | 10 Sek. / Stufe 6 |
| **20 g Wasser, 1½ EL Cognac** dazugeben und erhitzen. | 5 Min. / 60° / Stufe 2 |

Den warmen Kuchen damit überziehen.

# Mohnkuchen Martina

Ein Kuchen der süchtig macht.

Dieses Rezept habe ich von einer meiner vielen Cousinen. Der Kuchen schmeckt sehr, sehr lecker.

**150 g Mohn** in den Mixtopf geben, mahlen und umfüllen. 20 Sek. / Stufe 10

Rührteig:
**4 Eier, 200 g Zucker, 1 P. Vanillezucker, 150 g Öl** in den Mixtopf geben und cremig rühren. 1 Min. / Stufe 5
**200 g Milch, 300 g Mehl, 30 g Rum, 1 P. Backpulver, 20 g Kokosflocken, Saft von 1 Zitrone,** den gemahlenen Mohn dazugeben und unterrühren. 30 Sek. / Stufe 6

Den Teig in eine gefettete Kranzform oder Springform mit Kranzeinsatz geben und backen.

Backzeit: 180°, ca. 40 Min.

Mit einem **Schokoladenguss** überziehen.

# Mohnschnitten

Jedes Stück ein Hochgenuss.

Hier würden wahrscheinlich 8 Eier auch reichen, aber ich denke mir immer: Rein mit dem Zeug, Hauptsache es schmeckt gut.

Der Kuchen ist sehr saftig.

| | |
|---|---|
| **350 g Mohn** in den Mixtopf geben, mahlen und umfüllen. | 40 Sek. / Stufe 10 |
| **150 g Haselnüsse** in den Mixtopf geben, mahlen und zum Mohn geben. | 10 Sek. / Stufe 10 |
| Rührteig: **280 g Margarine, 2 P. Vanillezucker, 350 g Zucker, 10 Eier** in den Mixtopf geben und cremig rühren. | 2 Min. / Stufe 5 |
| **40 g Rum, 1 TL Zimt, 1 P. Backpulver,** die gemahlene Mohn-Nussmischung dazugeben und unterrühren. | 20 Sek. / Stufe 5 |

Den flüssigen Teig auf ein Blech (ca. 30 x 40 cm) mit Backrahmen gießen und backen.

Backzeit: 180°, ca. 30 - 35 Min.

Mit einem **Schokoladenguss** überziehen.

# Nusskranzkuchen

Sehr saftig und nussig.

Servieren Sie den Kuchen doch mal mit einer Kugel Nusseis und etwas Sahne.

Rührteig:
**4 Eier, 250 g Zucker,**
**200 g Öl, 200 g Haselnüsse**
in den Mixtopf geben und
cremig rühren. 50 Sek. / Stufe 6
**200 g Milch, 300 g Mehl,**
**1 P. Backpulver** dazugeben
und unterrühren. 30 Sek. / Stufe 5

Den Teig in eine gefettete Kranzform oder Springform mit Kranzeinsatz geben und backen.

Backzeit: 180°, ca. 45 Min.

Mit einem **Haselnussguss** überziehen.

# Nusskuchen nach Omas Art

Dieses Rezept ist von der Oma meiner besten Freundin. Bei ihr hat der Kuchen immer besonders gut geschmeckt.

| | |
|---|---|
| **70 g Blockschokolade** in Stücken, **200 g Haselnüsse** in den Mixtopf geben, mahlen und umfüllen. | ca. 15 Sek. / Stufe 10 |

Rührteig:

| | |
|---|---|
| **200 g Margarine, 3 Eier, 200 g Zucker, 1 P. Vanillezucker** in den Mixtopf geben und cremig rühren. | 1 Min. / Stufe 5 |
| **300 g Mehl, 1 P. Backpulver, 130 g Milch**, die gemahlene Nuss-Schokomischung dazugeben und unterrühren, evtl. den Spatel zum Mitrühren verwenden. | 30 Sek. / Stufe 6 |

Den Teig in eine gefettete Napfkuchenform geben und backen.

Backzeit: 180°, ca. 45 - 50 Min.

Rumguss:

| | |
|---|---|
| **150 g Zucker** in den Mixtopf geben und mahlen. | 15 Sek. / Stufe 10 |
| **2 TL Kakao, 30 g Rum** dazugeben und erhitzen. | 3 Min. / 70° / Stufe 1 |

Den Kuchen damit einstreichen.

# Nuss-Nougatkuchen

Hier und auch in einigen meiner anderen Kuchen sind nicht gerade wenig kalorienreiche Zutaten enthalten, aber genau deshalb schmecken sie alle so gut.

Also nicht an die Kalorien denken sondern einfach essen und genießen.

| | |
|---|---|
| **80 g Nuss-Nougat (schnittfest)** in Stücken, **80 g Mandeln, 80 g Zartbitterschokolade** in Stücken in den Mixtopf geben, hacken und umfüllen. | 5 Sek. / Stufe 6 |
| Rührteig: **200 g Margarine, 6 Eier, 170 g Zucker, 1 P. Vanillezucker** in den Mixtopf geben und cremig rühren. | 1 Min. / Stufe 5 |
| **100 g Mandeln, 100 g Haselnüsse** dazugeben und mahlen. | 10 Sek. / Stufe 9 |
| **50 g Milch, 200 g Mehl, 1 P. Backpulver**, die gehackte Nuss-Schokomischung dazugeben und unterrühren. | 20 Sek. / ↶ / Stufe 5 |

Den Teig in eine gefettete Kranzform oder Springform mit Kranzeinsatz geben und backen.

Backzeit: 180°, ca. 40 Min.

Vor dem Verzehr mit **Puderzucker** bestäuben.

# Nuss-Schokoladenkuchen

Nussig, schokoladig....gut.

Kuchen über Nacht durchziehen lassen.

Schmeckt auch gut, wenn man die Schokolade vorher auf Stufe 6 hackt und zum Schluss mit der Linksstufe unter den Teig rührt.

Rührteig:
**100 g Margarine, 4 Eier,**
**180 g Zucker, 1 P. Vanille-**
**zucker** in den Mixtopf geben
und cremig rühren. 1 Min. / Stufe 5
**100 g Vollmilch-Nuss-**
**Schokolade** in Stücken,
**100 g Haselnüsse,**
**100 g Mandeln** dazugeben
und mahlen. 20 Sek. / Stufe 9
**200 g Mehl, 1 P. Back-**
**pulver, 130 g flüssige Sahne**
dazugeben und unterrühren. 20 Sek. / Stufe 5

Den Teig in eine gefettete Kranzform oder Springform mit Kranzeinsatz geben und backen.

Backzeit: 180°, ca. 45 Min.

Mit einem **Schokoladenguss** überziehen und **gehackten Mandeln** bestreuen.

# Nuss-Streifen

Hier kann keiner widerstehen.

Dieser Kuchen eignet sich sehr gut, wenn sich kurzfristig Besuch ankündigt, da er schnell zubereitet ist und auch relativ schnell auskühlt.

Rührteig:
**120 g Margarine, 3 Eier,**
**300 g Zucker, 300 g Haselnüsse** in den Mixtopf geben
und cremig rühren. 1 Min. / Stufe 6
**250 g Milch, 200 g Mehl,**
**1 P. Backpulver** dazugeben
und unterrühren. 30 Sek. / Stufe 5

Den Teig auf ein gefettetes Blech (ca. 30 x 36 cm) mit Backrahmen streichen und backen.

Backzeit: 180°, ca. 30 Min.

Mit einem **Haselnussguss** überziehen und mit **gehackten Mandeln** bestreuen.

# Nutella®-Kuchen

...ein Traum!

Ich bin der absolute Fan von Nutella®, deshalb ist dieser hier mein Favorit. Nutella® wird bei mir auch nie alt, denn den Rest löffle ich dann aus dem Glas.

Rührteig:
**150 g Margarine, 3 Eier,**
**130 g Zucker, 150 g Hasel-**
**nüsse** in den Mixtopf geben
und cremig rühren. 50 Sek. / Stufe 6
**150 g Milch, 150 g Mehl,**
**2 TL Backpulver, 30 g Raspel-**
**schokolade, 200 g Nutella®**
dazugeben und unterrühren. 20 Sek. / ⟲ / Stufe 5

Den Teig in eine gefettete Napfkuchenform geben und backen.

Backzeit: 180°, ca. 50 Min.

Vor dem Verzehr mit **Puderzucker** bestäuben.

# Orangen-Mandelkuchen

Der Kuchen schmeckt mit Aprikosenmarmelade genauso gut, wobei ich ihn auch gerne ganz ohne Überzug esse.

Rühraufsatz einsetzen,
**7 Eiweiß** in den Mixtopf
geben, schlagen und umfüllen. 3 Min. / Stufe 4
Rühraufsatz entfernen.

Rührteig:
**7 Eigelb, 230 g Zucker,**
**280 g Mandeln** in den Mixtopf geben und cremig rühren. 30 Sek. / Stufe 6
**Saft und Schale von 2 unbehandelten Orangen** dazugeben und unterrühren. 10 Sek. / Stufe 6
**120 g Mehl, 1 TL Backpulver**,
Eischnee dazugeben und unterheben. 15 Sek. / Stufe 5

Den Teig in eine gefettete Springform geben und backen.

Backzeit: 180°, ca. 40 Min.

Belag:
**60 g Mandelblättchen** in einer Pfanne ohne Öl rösten und abkühlen lassen.

**100 g Orangenmarmelade**
in den Mixtopf geben und erhitzen. 2 Min. / 60° / Stufe 2

Kuchen 20 Min. abkühlen lassen, mit der Marmelade einstreichen, den Mandelblättchen bestreuen und **kandierten Orangenscheiben** garnieren.

# Osterlamm

Diesen Teig kann man auch gut zu einem **Eierlikörkuchen** abwandeln. Dafür nehme ich:

**250 g Puderzucker, 5 Eier, 2 P. Vanillezucker, 250 g Öl, 250 g Eierlikör, 130 g Speisestärke, 130 g Mehl, 1 P. Backpulver**

Rührteig:

| | |
|---|---|
| **80 g Zucker** in den Mixtopf geben und mahlen. | 6 Sek. / Stufe 10 |
| **2 Eier, 1 P. Vanillezucker, 90 g Öl** dazugeben und cremig rühren. | 30 Sek. / Stufe 4 |
| **60 g Mehl, 60 g Speisestärke, 90 g Eierlikör, 1½ TL Backpulver** dazugeben und unterrühren. | 20 Sek. / Stufe 4 |

Den Teig in eine gefettete Lammform geben und backen.

Backzeit: 180°, ca. 40 Min.

Nach Belieben mit **Puderzucker** bestäuben oder mit **Puderzuckerglasur** einstreichen und mit **Kokosflocken** bestreuen.

# Oster-Schokohase

Als ich diesen Hasen gebacken habe, hat es gestürmt und geschneit, deshalb hat er als Deko von mir etwas Schnee auf den Rücken bekommen, damit er auch zu „Weiße Ostern“ passt.

Der normale Osterhasenteig ist mir zu trocken, deshalb nehme ich immer diese Variante.

Rührteig:
**50 g Margarine, 50 g Zucker, 1 Ei, 1 P. Vanillezucker** in den Mixtopf geben und cremig rühren. 40 Sek. / Stufe 5
**50 g Milch, 100 g Mehl, 1 EL Kakao, 1 geh. EL Kokosflocken, 1 TL Backpulver** dazugeben und unterrühren. 20 Sek. / Stufe 5
Mit dem Spatel den Teig nach unten schieben und nochmals kurz unterrühren. 5 Sek. / Stufe 5

Den Teig in eine gefettete Hasenform geben und backen.

Backzeit: 180°, ca. 35 Min.

Mit einem **Schokoladenguss** überziehen und nach Belieben verzieren.

# Proseccokuchen

Einfach gemacht und so himmlisch gut.

Meistens verwende ich einen billigen Sekt, der schmeckt im Kuchen genauso gut. Den Prosecco trinke ich lieber dazu.

Rührteig:
**5 Eier, 1 P. Vanillezucker,**
**300 g Zucker, 200 g Öl**
in den Mixtopf geben
und cremig rühren. 1 Min. / Stufe 5
**200 g Haselnüsse** dazu-
geben und mahlen. 20 Sek. / Stufe 9
**1 Piccolo, 50 g Kakao,**
**250 g Mehl, 1 P. Backpulver**
dazugeben und unterrühren. 20 Sek. / Stufe 5

Den Teig auf ein gefettetes Blech (ca. 30 x 40 cm) mit Backrahmen gießen und backen.

Backzeit: 180°, ca. 25 Min.

Mit einem **Schokoladenguss** überziehen, sofort etwas **Haselnussguss** mit einem Teelöffel darüber verteilen und evtl. mit einem Schaschlikstäbchen vorsichtig durchziehen.

# Rehrücken

Ein Klassiker aus Mamas Backstube. Da bleibt nach dem Kaffeeklatsch nicht mehr viel übrig.

Verwendet man Backpapier, dieses etwas anfeuchten, somit lässt sich jede Form gut damit auskleiden.

Rührteig **Schoko-Rehrücken** (links):
**130 g Vollmilchschokolade**
in Stücken in den Mixtopf
geben und schmelzen. 2 Min. / 60° / Stufe 2
**4 Eier, 130 g Zucker**
dazugeben und cremig rühren. 1 Min. / Stufe 4
**130 g Mehl, 1 TL Backpulver,**
**1 B. flüssige Sahne** dazugeben
und unterrühren. 15 Sek. / Stufe 4

Rührteig **Rehrücken** (rechts):
**130 g Margarine, 130 g Zucker,**
**3 Eier** in den Mixtopf geben
und cremig rühren. 1 Min. / Stufe 4
**50 g Haselnüsse, 50 g Zart-**
**bitterschokolade** in Stücken
dazugeben und mahlen. 15 Sek. / Stufe 9
**130 g Mehl, 1 TL Backpulver**
dazugeben und unterrühren. 15 Sek. / Stufe 4

Den Teig jeweils in eine gefettete Rehrückenform geben und backen.

Backzeit: 180°, ca. 40 – 45 Min.

Den Schoko-Rehrücken mit einem **Schokoladenguss** überziehen und mit **Mandelstiften** bespicken. Den Rehrücken mit **Haselnuss- oder Vollmilchguss** überziehen und mit **gehackten Mandeln** bestreuen.

# Rhabarber-Schokokuchen

Raffiniert: Rhabarber mit weißer Schokolade.

Nach 2 Tagen schmeckt der Kuchen am besten.

**100 g weiße Schokolade**
in den Mixtopf geben,
mahlen und umfüllen. 12 Sek. / Stufe 10

Rührteig:
**250 g Margarine, 5 Eier,**
**220 g Zucker** in den Mixtopf
geben und cremig rühren. 1 Min. / Stufe 5
**150 g Mineralwasser mit**
**Kohlensäure, 500 g Mehl,**
**1 P. Backpulver**, die gemahlene Schokolade dazugeben und unterrühren. 40 Sek. / Stufe 6

**300 g** geschälten und in kleine Stücke geschnittenen **Rhabarber** dazugeben und nur mit dem Spatel unterheben.

Den Teig in eine gefettete Napfkuchenform geben und backen.

Backzeit: 180°, ca. 55 Min.

Vor dem Verzehr mit **Puderzucker** bestäuben.

# Rotweinkuchen

Nochmals ein Klassiker aus Mamas Rezepten, jedoch ein bisschen abgewandelt.

Meine Cousine Renate hat gemeint: Ein Rotweinkuchen darf in diesem Buch auf keinen Fall fehlen.

| | |
|---|---|
| **80 g Zartbitterschokolade** in Stücken in den Mixtopf geben, hacken und <u>umfüllen</u>. | 10 Sek. / Stufe 6 |
| Rührteig: **100 g Rama Culinesse, 100 g Margarine, 5 Eier, 200 g Zucker, 1 P. Vanillezucker** in den Mixtopf geben und cremig rühren. | 1 Min. / Stufe 5 |
| **2 TL Kakao, 1 TL Zimt, 130 g Rotwein, 250 g Mehl, 1 P. Backpulver**, die gehackte Schokolade dazugeben und unterrühren. | 10 Sek. / Stufe 5 |
| **80 g Schokostreusel** dazugeben und unterheben. | 3 Sek. / ↶ / Stufe 4 |

Den Teig in eine gefettete Kranzform oder Napfkuchenform geben und backen.

Backzeit: 180°, ca. 50 Min.

Vor dem Verzehr mit **Puderzucker** bestäuben.

# Ruck-Zuck-Kuchen

Superschnell fertig und schmeckt auch mit wenigen Zutaten gut und saftig.

Den Rum z.B. durch den Saft einer Zitrone ersetzen.

Rührteig:

| | |
|---|---|
| **250 g Margarine, 5 Eier, 250 g Zucker, 1 P. Vanillezucker** in den Mixtopf geben und cremig rühren. | 1 Min. / Stufe 5 |
| **250 g Mehl, 2 TL Backpulver, 30 g Rum** dazugeben und unterrühren. | 15 Sek. / Stufe 5 |

Den Teig in eine gefettete Kranzform oder Springform mit Kranzeinsatz geben und backen.

Backzeit: 180°, ca. 40 Min.

Vor dem Verzehr mit **Puderzucker** bestäuben.

# Sacherschnitten

Besonders lecker aus dem Kühlschrank.

Die Schnitten können auch als Torte in einer Springform gebacken werden, dann jedoch die Backzeit um ca. 10 - 15 Min. verlängern.

Rühraufsatz einsetzen,
**9 Eiweiß** in den Mixtopf
geben, schlagen und umfüllen. 3 Min. / Stufe 4
Rühraufsatz entfernen.

Rührteig:
**200 g Margarine, 9 Eigelb, 150 g Zucker, 300 g Haselnüsse** in den Mixtopf geben
und cremig rühren. 50 Sek. / Stufe 6
**50 g Kakao, 2 TL Backpulver**, Eischnee dazugeben und unterheben, Spatel zum
Mitrühren verwenden. ca. 25 Sek. / Stufe 5

Den Teig auf ein gefettetes Blech (ca. 30 x 40 cm) mit Backrahmen streichen und backen.

Backzeit: 180°, ca. 30 - 35 Min.

Guss:
**140 g Aprikosenmarmelade** in
den Mixtopf geben und erhitzen. 2 Min. / 60° / Stufe 2

Die Marmelade auf den erkalteten Kuchen streichen.

**150 g Schokoladenguss** in den
Mixtopf geben und zerkleinern, ca. 5 Sek. / Stufe 6
danach erhitzen. 3 Min. / 60° / Stufe 2

Den Guss vorsichtig auf der Marmelade verteilen.

# Schoko-Eierlikörkuchen

Ein Schokokuchen zum Dahinschmelzen.

Diesen Kuchen habe ich bei einer Freundin immer sehr gerne gegessen. Er heißt bei ihr komischerweise Rotweinkuchen, aber nachdem ja kein Wein im Kuchen ist, hat er bei mir einen neuen Namen bekommen.

Rührteig:
**100 g Vollmilchschokolade**
in Stücken in den Mixtopf
geben und schmelzen. 3 Min. / 60° / Stufe 2
**200 g Margarine, 200 g Zucker,**
**1 P. Vanillezucker, 4 Eier**
dazugeben und cremig rühren. 50 Sek. / Stufe 5
**200 g Eierlikör, 1 TL Zimt,**
**10 g Kakao, 250 g Mehl,**
**1 P. Backpulver** dazugeben
und unterrühren. 30 Sek. / Stufe 6

Den Teig in eine gefettete Kastenform füllen und backen.

Backzeit: 180°, ca. 50 - 55 Min.

Mit einem **Schokoladenguss** überziehen oder mit **Puderzucker** bestäuben.

# Schoko-Nusskuchen

Hier hilft die beste Diät nichts, man muss den Kuchen einfach probieren.

Zu diesem Kuchen passt auch ein Apfel gut dazu. Einfach zu den Nüssen dazugeben und zerkleinern. Dann jedoch mit normalem Schokoguss überziehen.

Kokosfett friere ich in Würfeln ein, somit habe ich immer etwas auf Vorrat zu Hause.

Rührteig:
**200 g Margarine, 5 Eier,**
**200 g Zucker, 1 P. Vanille-**
**zucker, 130 g Haselnüsse,**
**100 g Zartbitterschokolade**
in Stücken in den Mixtopf
geben und cremig rühren. 1 Min. / Stufe 6
**130 g Mehl, 2 TL Back-**
**pulver, 20 g Rum** dazu-
geben und unterrühren. 15 Sek. / Stufe 5

Den Teig in eine gefettete Herrentortenform oder Springform füllen und backen.

Backzeit: 180°, ca. 35 - 40 Min.

Nougatguss:
**50 g Kokosfett, 100 g Nuss-**
**Nougat (schnittfest)** in
Stücken in den Mixtopf
geben und erhitzen. 3 Min. / 50° / Stufe 2

Den Kuchen damit einstreichen und über Nacht trocknen lassen.

Dieser Guss wird nicht hundertprozentig fest, schmeckt aber dadurch etwas cremig.

# Schwarzwaldkuchen

Ein sehr saftiger Kuchen, der auch nach ein paar Tagen noch frisch schmeckt.

Am liebsten esse ich ihn mit selbst gemachtem Schokoladenguss, der lecker schmeckt und blitzschnell zubereitet ist. Außerdem ist in gekauftem noch mehr Zucker und Fett enthalten.

Kleine Mengen an Alkohol im Kuchen können gut durch Milch ersetzt werden.

Rührteig:

**250 g Margarine, 2 P. Vanillezucker, 300 g Zucker,**
**5 Eier, 1 TL löslicher Kaffee,**
**130 g Haselnüsse** in den Mixtopf geben und cremig rühren. 1 Min. / Stufe 6

**250 g Mehl, 1 P. Backpulver,**
**20 g Kakao, 1 TL Zimt,**
**10 g Rum** dazugeben und unterrühren, Spatel zum Mitrühren verwenden. 20 Sek. / Stufe 6

Den Teig in eine gefettete Springform mit Kranzeinsatz geben und backen.

Backzeit: 180°, ca. 40 - 45 Min.

Schokoladenguss:

**60 g Blockschokolade** in Stücken,
**80 g Zucker** in den Mixtopf geben und zerkleinern. 30 Sek. / Stufe 10

**20 g Margarine, 25 g Wasser** dazugeben und erhitzen. 3 Min. / 50° / Stufe 2

Zwischendurch mit dem Spatel die Schokolade nach unten schieben und weiterrühren.

Den Kuchen damit überziehen.

# Silberkuchen

Nochmals ein Rezept von meiner Oma „Mudl". Der Kuchen ist weich wie Watte. Er ist außerdem ein guter Eiweißverwerter.

Die alten Rezepte sind doch immer wieder die besten.

Rühraufsatz einsetzen,
**6 Eiweiß** in den Mixtopf
geben, schlagen und umfüllen. 2 Min. / Stufe 4

Rühraufsatz entfernen.

Rührteig:
**60 g Margarine, 130 g Zucker**
in den Mixtopf geben und
cremig rühren. 1 Min. / Stufe 3
**140 g Milch, 250 g Mehl,**
**2 TL Backpulver, Schale einer**
**½ unbehandelten Zitrone**
dazugeben und unterrühren. 20 Sek. / Stufe 4
Eischnee dazugeben und
unterheben. 20 Sek. / Stufe 3
Danach kurz hochschalten. 2 Sek. / Stufe 4

Den Teig in eine gefettete Kastenform (25 cm) geben und backen.

Backzeit: 180°, ca. 45 - 50 Min.

# Sprudelkuchen

Schnell zubereitet, saftig, lange haltbar und lecker.

Rührteig:
**150 g Öl, 4 Eier,**
**280 g Zucker, 1 P. Vanille-**
**zucker** in den Mixtopf geben
und cremig rühren. 1 Min. / Stufe 5
**160 g Zitronenlimonade,**
**300 g Mehl, 1 P. Backpulver**
dazugeben und unterrühren. 20 Sek. / Stufe 5

Den Teig in eine gefettete Springform mit Kranzeinsatz geben und backen.

Backzeit: 180°, ca. 45 - 50 Min.

Vor dem Verzehr mit **Puderzucker** bestäuben.

# Studentenfutter-Kuchen

...nicht nur für Studenten...

Den Kuchen über Nacht durchziehen lassen.

Rührteig:

| | |
|---|---|
| **250 g Margarine, 5 Eier, 200 g Zucker, 1 P. Vanillezucker** in den Mixtopf geben und cremig rühren. | 1 Min. / Stufe 5 |
| **120 g Milch, 60 g Eierlikör, 500 g Mehl, 1 P. Backpulver, ½ Fläschchen Zitronenaroma** dazugeben und unterrühren. | 30 Sek. / Stufe 6 |
| **200 g Studentenfutter** dazugeben und unterheben. | 10 Sek. / ↶ / Stufe 5 |

Den Teig in eine gefettete Springform mit Kranzeinsatz geben und backen.

Backzeit: 180°, ca. 50 Min.

Mit **100 g Vollmilchkuvertüre** überziehen.

# Walnuss-Schnitten

Walnüsse sind eine gute Nervennahrung; umhüllt mit leckeren Zutaten, ein Genuss ohne Reue.

Diese Schnitten schmecken nach 2 Tagen am besten.

**180 g Walnüsse, 8 Butterkekse,**
**30 g Zartbitterschokolade** in
den Mixtopf geben, mahlen
und umfüllen. 10 Sek. / Stufe 10

Rührteig:
**140 g Margarine, 6 Eier,**
**180 g Zucker** in den Mixtopf
geben und cremig rühren. 1 Min. / Stufe 5
**20 g Speisestärke, 2 TL Back-**
**pulver, 20 g Rum, abgeriebene**
**Schale von 1 unbehandelten Zitrone,**
die gemahlene Mischung dazu-
geben und unterrühren. 20 Sek. / Stufe 4

Den Teig auf ein gefettetes Blech (ca. 28 x 38 cm) mit Backrahmen streichen und backen.

Backzeit: 180°, ca. 15 - 20 Min.

Mit einem **Schokoladenguss** überziehen und mit **halbierten Walnüssen** verzieren.

# Zitronenkuchen mit Schokoguss

Schmeckt auch mit einer Zitronenglasur.

Zum Schneiden der Schnitten das Messer vorher in heißes Wasser tauchen.

Anstelle der abgeriebenen Zitrone kann man auch Citroback bzw. Zitronenaroma verwenden.

Rührteig:
**150 g Margarine, 5 Eier, 200 g Zucker, 1 P. Vanillezucker** in den Mixtopf geben und cremig rühren. 1 Min. / Stufe 5
**140 g Mehl, 60 g Speisestärke, 2 TL Backpulver, abgeriebene Schale von 2 unbehandelten Zitronen** dazugeben und unterrühren. 20 Sek. / Stufe 5

Den Teig auf ein gefettetes Blech (ca. 30 x 40 cm) mit Backrahmen streichen und backen.

Backzeit: 180°, 15 - 20 Min.

Mit **150 g Zartbitterkuvertüre** überziehen.

# Zitronen-Nusskuchen

Sauer macht lustig.

Schmeckt auch mit einer Zitronenglasur gut. Die Haselnüsse können durch Mandeln ersetzt bzw. ersatzlos gestrichen werden.

Rührteig:
**250 g Margarine, 170 g Zucker,**
**4 Eier, 1 P. Vanillezucker,**
**50 g Haselnüsse** in den Mix-
topf geben und cremig rühren. 50 Sek. / Stufe 6
**150 g Mehl, 2 TL Backpulver,**
**100 g Speisestärke, Saft und**
**Schale von 1 unbehandelten**
**Zitrone** dazugeben und unter-
rühren. 20 Sek. / Stufe 5

Den Teig in eine gefettete Kranzform geben und backen.

Backzeit: 180°, ca. 40 - 45 Min.

Vor dem Verzehr mit **Puderzucker** bestäuben.

# Zitronenschnitten

Einer meiner Tester hat gesagt: „Die schmecken genauso gut, wie die von meiner Oma."...wenn das kein Kompliment war...

Das Vollkornmehl kann man auch durch normales Mehl ersetzen. Verwendet man Vollkornmehl, erwähnt man es am besten nicht, da ja gesunde Sachen vielen nicht so gut schmecken.

Rührteig:
**350 g Margarine, 1 P. Vanille-zucker, 300 g Zucker,**
**6 Eier** in den Mixtopf geben
und cremig rühren. 1 Min. / Stufe 5
**abgeriebene Schale von**
**2 unbehandelten Zitronen,**
**Saft von 1 Zitrone, 300 g Mehl,**
**50 g Roggenvollkornmehl,**
**1 P. Backpulver, 1 Fläschchen**
**Vanillearoma** dazugeben und
unterrühren. 50 Sek. / Stufe 6

Den Teig auf ein gefettetes Blech (ca. 35 x 40 cm) mit Backrahmen geben und backen.

Backzeit: 180°, ca. 20 Min.

Mit einer Puderzuckerglasur (**ca. 120 g Puder-zucker, Saft von 1 Zitrone**) überziehen.

# Zucchinikuchen

Hier machen sogar Zucchini-Gegner eine Ausnahme. Probieren Sie es einfach aus.

Für den Guss verwende ich anstelle Zartbitter- auch gerne Vollmilchschokolade.

**300 g Zucchini (ohne Kerne)**
in den Mixtopf geben und
raspeln. 7 Sek. / Stufe 6

Die Masse im Gareinsatz oder einem Sieb abtropfen lassen und dabei so viel Wasser wie möglich herausdrücken.

Rührteig:
**250 g Margarine, 4 Eier,**
**300 g Zucker, 150 g Haselnüsse** in den Mixtopf geben
und cremig rühren. 50 Sek. / Stufe 6
**300 g Mehl, 1¼ P. Backpulver, 1 TL Zimt**, die geraspelten Zucchini dazugeben und unterrühren. 20 Sek. / Stufe 5

Den Teig in eine gefettete Springform geben und backen.

Backzeit: 180°, ca. 50 Min.

Guss:
**100 g Zartbitterschokolade**
in Stücken, **40 g Sahne** in den
Mixtopf geben und erhitzen. 3 Min. / 60° / Stufe 2

Den noch warmen Kuchen damit überziehen.

# Zucchini-Schokokuchen

Mit gutem Gewissen genießen.

Bei diesem Kuchen lege ich die Form mit Backpapier aus, somit bleibt er garantiert nicht kleben.

| | |
|---|---|
| **100 g Dinkel** in den Mixtopf geben, mahlen und umfüllen. | 30 Sek. / Stufe 10 |
| **300 g Zucchini (ohne Kerne)** in den Mixtopf geben und raspeln. | 7 Sek. / Stufe 6 |

Die Masse im Gareinsatz oder einem Sieb abtropfen lassen und dabei so viel Wasser wie möglich herausdrücken.

Rührteig:

| | |
|---|---|
| **150 g Margarine, 3 Eier, 150 g Zucker, 60 g Haselnüsse** in den Mixtopf geben und cremig rühren. | 50 Sek. / Stufe 6 |
| **200 g Mehl, 1 P. Backpulver**, den gemahlenen Dinkel, die geraspelten Zucchini dazugeben und verrühren. | 20 Sek. / Stufe 5 |
| **80 g Schokostreusel** dazugeben und unterheben. | 4 Sek. / ↺ / Stufe 4 |

Den Teig in eine gefettete bzw. mit Backpapier ausgelegte Kastenform (25 cm) geben und backen.

Backzeit: 180°, ca. 50 Min.

Mit einem **Schokoladenguss** überziehen.

## Rezeptverzeichnis:

## Rezeptverzeichnis:

## Rezeptverzeichnis:

## Band 2: „Torten Schnitten Kuchen, die müssen Sie versuchen"

**zu bestellen bei Christine Haas, Tel.: 08405 913996**
**e-mail: Haas-Ch@web.de**

Amaretto-Nussecken

Apfel-Streusel-kuchen

Bananen-Rum-bombe

Bienenstich

Birnen-Sekt-kuchen

Erdbeerbombe

Erdbeer-schnitten

Feuerwehr-kuchen

Fruchtsterne

Heidelbeer-schnitten

Himbeer-Frisch-käse-Torte

Johannisbeer-Tiramisu-Torte

Johannisbeer-Zupfkuchen

Käsekuchen

Kirsch-Schoko-schnitten

Moccaschnitten

Mohn-Klecksel-kuchen

Mohntorte

Müsliriegel

Nuss-Marzipan-zopf

Obstgarten-Torte

Obsttörtchen

Pfirsich-Schmand-kuchen

Pflaumen-Nuss-Torte

Rhabarber-Puddingschnitten

Rosenkuchen

Schmandkuchen

Zimt-Mandarinen-schnitten

## Band 3: „Noch mehr… Torten Schnitten Kuchen“

**zu bestellen bei Christine Haas, Tel.: 08405 913996**
**e-mail: Haas-Ch@web.de**

Amaretto-Käsekuchen

Ananas-Sahne-Torte

Bananensplit-Torte

Blätterteig-Zöpfe

Brombeer-Streuselkuchen

Erdbeer-Amarettini-Torte

Espresso-Torte

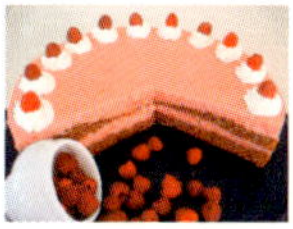
Himbeer-Joghurt-Torte

Kakao-Eierlikörkuchen

Kirschbällchen

Kirsch-Marzipan-Torte

Kiwi-Bananen-Torte

Krümeltorte

Latte-Macchiato-Torte

Marmorkuchen Peter

Mohn-Streusel-Taler

Nougat-Eierlikör-Torte

Pflaumen-Quark-Kuchen

Rhabarber-Baiserkuchen

Rhabarber-Donauwelle

Rumschnitten

Schokobananen

Schokoladen-Kokos-Schnitten

Stachelbeer-Frischkäse-Torte

Schwimmbad-Torte

Tiramisu-Schnitten

Zwetschgen-Mascarponekuchen

Zwetschgen-Mohnschnecke

**Band 4: „Himmlische Plätzchen wie von Engeln gebacken"**
**zu bestellen bei Christine Haas, Tel.: 08405 913996**
**e-mail: Haas-Ch@web.de**

Baumkuchen-spitzen

Café-Monde und -Sterne

Dattelmakronen

Dukatenplätzchen

Glücks-schweinchen

Kirschsterne

Kokoswürfel

Kokoskringel

Kokos-Marzipan-Pralinen

Lebkuchen Mudl

Lebkuchen-schnitten

Mandelwellen

Marzipan-Walnuss-Pralinen

Nougatbissen

Nougatsternchen

Nussbeißer

Rumkugeln

Schokoladen-busserl

Schoko-Mandel-kekse

Schoko-Nüssli

Stollenplätzchen

Stracciatella-Häufchen

Tatzen

Teegebäck

Vanillestangen

Walnuss-häppchen

Zimtkugeln

Zitronen-Schokokugeln

## Band 5: „drunter & drüber“ Brote, Semmeln, Aufstriche

**zu bestellen bei Christine Haas, Tel.: 08405 913996**
**e-mail: Haas-Ch@web.de**

Baguette wie vom Bäcker

Bauernbrot

Bierstangerl

Brezensemmeln

Brie-Preiselbeer-Creme

Dinkel-Roggenbrot

Eiercreme

Frischkäse-Dips

Griechische Aufstriche

Herzhafter Aufstrich

Italiano-Creme

Joghurtbrot
Fladenbrot

Käsestangen
Käsebaguette

Käse-Tatar

Kürbis-Joghurt-Semmeln

Lachs-Ei-Aufstrich

Landbrot
Roggen-Mischbrot

Leinsamenbrot

Marm. „Kiwi-Stachelbeer“ / Toastbrot

Maurersemmeln

Milchsemmeln

Nuss-Mandel-Semmeln

Pistazien-Creme

Pizzasemmeln

Sonnenblumenbrot

Südländische Aufstriche

Walnussbrot

Zucchinibrot
Tomatenbutter